QUEMAR DESPUÉS DE ESCRIBIR

Sharon Jones

QUEMAR DESPUÉS
DE ESCRIBIR

Traducción de
Marta de Bru de Sala i Martí

Papel certificado por el Forest Stewardship Council®

Penguin
Random House
Grupo Editorial

Título original: *Burn After Writing*
Publicado originalmente en 2014 por Carpet Bombing Culture en el Reino Unido
(www.carpetbombingculture.co.uk)

Primera edición con esta portada: octubre de 2023

© 2014, Sharon Jones
© 2021, 2023, Penguin Random House Grupo Editorial, S.A.U.
Travessera de Gràcia, 47-49. 08021 Barcelona
© 2021, Marta de Bru de Sala i Martí, por la traducción
Adaptación de la cubierta original de Kaitlin Kall / Penguin Random House
Grupo Editorial / Begoña Berruezo
Fotografía de la cubierta: © The Image Bank / Getty Images

Printed in Spain – Impreso en España

ISBN: 978-84-9129-974-5
Depósito legal: B-14692-2023

Impreso en Rodesa,
Villatuerta, (Navarra)

SL 9 9 7 4 5

TE DOY LA BIENVENIDA A TU LIBRO

Los adultos nos esforzamos por presentar una imagen de nosotros mismos que guste a los demás, pero ha llegado la hora de dejar de hacerlo por un momento. Date un respiro, prepárate una taza de café y date el gusto de leer *Quemar después de escribir* a la luz de la lámpara.

Y, ¿qué es *Quemar después de escribir*?

Es tu cuaderno secreto. El que escondes en el compartimento oculto de tu mundo. Es solo para tus ojos. Es un espacio donde puedes hablar libremente de tu verdadero ser sin preocuparte por lo que puedan pensar los demás. El único lugar de tu mundo en el que puedes quitarte todas tus máscaras.

Es una entrevista a página completa sobre ti, un experimento de reflexión radical donde tú eres el sujeto y también el resultado.

Algunos ejercicios de este libro son aleatorios, igual que las hojas de té que forman patrones en una taza. Otros, en cambio, son más intencionados, diseñados para que descubras aspectos de ti que hasta ahora desconocías.

Ha llegado la hora de que juegues a «Verdad o Atrevimiento» en solitario. ¿Serás capaz de decir la verdad aunque no haya nadie observándote?

LA VERDAD

No puedes esconderte de la verdad, pero, sin lugar a dudas, ella puede esconderse de ti.

Dicen que los artistas se valen de las mentiras para poder sincerarse. Pero no hay duda de que es imposible decir toda la verdad, especialmente cuando uno escribe sobre sí mismo.

A veces, mentimos por omisión. A veces, mentimos por la forma en la que contamos las cosas. Pero siempre hay un elemento de ficción, porque lo que se dice o se escribe no es lo que realmente ocurre: la brecha entre el mundo y el momento es siempre demasiado grande.

¿Serás capaz de responder estas preguntas con honestidad? ¿Qué se siente al decir la verdad?

Supongo que, en realidad, la cuestión es esta: ¿podemos llegar a vernos claramente a través de nuestro punto de vista sesgado?

Da igual cómo decidas utilizar este libro, pero tienes que pensar siempre en «la verdad» antes de contestar las preguntas.

Así, al menos, descubrirás si estás mintiéndote o no.

LA PLUMA ES MÁS PODEROSA QUE EL TECLADO

La caligrafía es como una huella dactilar, una voz o una pisada: única. La letra de cada persona es muy reveladora, tanto por sí misma como por la intencionalidad con la que se usa. Cada vez que utilizas bolígrafo y papel, te delatas.

En estos tiempos de copias instantáneas e infinitas, tan solo aquello verdaderamente único posee belleza. ¿O acaso crees que tus descendientes van a leerse tu muro de Facebook?

Guárdate algo para el mundo real ya que, al fin y al cabo, sigue siendo el único sitio donde podemos ser nosotros mismos. Te aseguro que si escribes algo bonito a mano, perdurará durante toda la eternidad.

ADVERTENCIA

Si no eres capaz de ser tú, no hace falta que sigas. Porque aquí no hay nada escrito. No puedes abrir este libro a la ligera y empezar a hojearlo al tuntún. No. Tienes que iniciarte en el culto de QDE*.

Antes de seguir adelante y saltar al vacío, detente un momento y reflexiona sobre los valores sagrados de QDE:

- Responderé todas las preguntas con total honestidad, por mucho que duela.
- Usaré el poder mágico y aleatorio del «echarunvistazismo» para elegir la pregunta más pertinente para mi estado actual.
- Recorreré todos los pasillos del interior de mi mente e iré abriendo las puertas que encuentre cerradas.

---

* *N de la E.:* En el original las siglas son BAW por el título en inglés, *Burn After Writing*.

Si eres capaz de comprometerte con estos valores tan nobles y valientes, entonces te doy una cálida bienvenida a la sociedad de la verdad y el autoconocimiento. Escribe el siguiente juramento de tu puño y letra:

Juro lealtad al culto de QDE.

Ahora ya puedes seguir adelante. No pierdas la fe. Elige una página al azar (¿o quizás será la página la que te elija a ti...?).

EL PASADO

. . .

NO PUEDES OBSERVAR ALGO SIN CAMBIARLO;

NO PUEDES OBSERVARTE SIN CAMBIARTE.

No puedes cambiar el pasado, pero es difícil recordarlo todo siempre exactamente igual. Cada vez que recordamos algo, lo revivimos desde un ángulo diferente.

Reinterpretamos continuamente nuestra propia historia para que se ajuste a las necesidades que tenemos en el presente. Pero ahora vamos a hacer lo contrario. Intenta encontrar nuevas tramas en las escenas de tu vida, tramas que reinventen por completo tu relación con el presente. Es un juego muy divertido, pero tiene un montón de reglas. Solamente tú sabes cuáles son.

Sigue.

Mi primer recuerdo

Durante mi infancia soñaba con ser

Cuando miro atrás, lo que más echo de menos es

Mi infancia descrita en una sola palabra

Los pósteres que tenía colgados en las paredes

El acto de bondad más sincero que nunca olvidaré

Personajes históricos que admiro

MIS PRIMERAS VECES

Una primera vez es un terremoto para el alma: inolvidable, insostenible y extremadamente destructiva. Pero de entre los escombros de nuestras apasionadas y desastrosas primeras veces, emerge una persona adulta fascinante y fuerte. Lo trágico es que siempre creemos que las primeras veces durarán para siempre.

Primer amigo/a: ....

Primer amor: ....

Primer disco o CD que compré: ....

Primeras vacaciones en el extranjero: ....

Primer trabajo: ....

Primer coche: ....

Primer concierto: ....

Primera escuela: ....

Primer beso: ....

Primer/a profesor/a: ....

Primera bebida alcohólica: ....

¿Cuándo fue la última vez que hiciste algo por primera vez?

ECHANDO LA VISTA ATRÁS

Paséate por el jardín de tus recuerdos hasta encontrar los días difusos y medio olvidados de tu pasado. Todo el mundo habla de los viejos tiempos...

Mi música favorita de la infancia

Lo primero que compré con mi propio dinero

La edad a la que me convertí en una persona adulta

La persona que ha tenido un mayor impacto en mi vida

La persona a la que más he querido

Lo más difícil que he hecho nunca

Si pudiera volver a vivir mi vida, cambiaría

La primera canción que recuerdo haber escuchado

Cosas que coleccionaba en mi infancia

Mis aspiraciones infantiles

El profesor o la profesora que más influencia ha tenido en mi vida

Mis padres fueron

Mi primera mascota

Mi mejor amigo/a de la infancia

Un objeto perdido de mi infancia que me gustaría volver a ver

Lo único de lo que me arrepiento

Cosas que me han resultado adictivas

La época en la que fui más feliz fue

El libro que más influencia ha tenido en mi vida

La mayor encrucijada en el camino de mi vida

Nunca perdonaré

La mayor locura que he hecho en mi vida

5 cosas que me alegro de haber intentado pero que nunca volveré a hacer

1. ....

2. ....

3. ....

4. ....

5. ....

Los mejores 5 momentos de mi vida

1. ....

2. ....

3. ....

4. ....

5. ....

5 cosas que siempre he querido hacer pero que nunca he hecho

1. ....

2. ....

3. ....

4. ....

5. ....

Personas a las que echo de menos

Ojalá nunca hubiera conocido a

La última vez que dije «te quiero»

Mi mayor desamor

La decisión más inteligente que tomé en mi adolescencia

Me siento culpable por

La historia de mi vida en 3 frases

Mi equipaje emocional

ALGUNAS DE MIS COSAS FAVORITAS

De vez en cuando aparece algo que te deja con la boca abierta. Sientes que por fin te comprenden, como si alguien hubiera echado un vistazo en el interior tu alma y hubiera escrito una canción solo para ti. Y a medida que creces, todas estas cosas van creciendo contigo y enriquecen tu vida.

Los 5 mejores grupos de música

1. ....

2. ....

3. ....

4. ....

5. ....

Los 5 mejores discos

1. ....

2. ....

3. ....

4. ....

5. ....

Las 5 mejores canciones

1. ....

2. ....

3. ....

4. ....

5. ....

Los 5 mejores conciertos

1. ....

2. ....

3. ....

4. ....

5. ....

Los 5 mejores libros

1. ....

2. ....

3. ....

4. ....

5. ....

Las 5 mejores películas

1. ....

2. ....

3. ....

4. ....

5. ....

Los 5 mejores lugares del mundo

1. ....

2. ....

3. ....

4. ....

5. ....

Las 5 mejores ciudades

1. ....

2. ....

3. ....

4. ....

5. ....

Las 5 mejores experiencias alucinantes

1. ....

2. ....

3. ....

4. ....

5. ....

Las 5 mejores personas normales y corrientes

1. ....

2. ....

3. ....

4. ....

5. ....

Las 5 mejores personas famosas

1. ....

2. ....

3. ....

4. ....

5. ....

Los 5 mejores genios creativos

1. ....

2. ....

3. ....

4. ....

5. ....

Si pudiera pasar 48 horas con cualquier persona (viva o muerta), sería con

Si pudiera vivir en cualquier periodo histórico, elegiría

Los últimos 3 años de mi vida descritos en 3 palabras

1. ....

2. ....

3. ....

5 hitos de mi vida que me han convertido en la persona que soy hoy en día

1. ....

2. ....

3. ....

4. ....

5. ....

La decisión más difícil que he tenido que tomar

Lo más estúpido que he hecho

¿Cómo de guay pensaría que soy ahora mi yo de 16 años?

Mi recuerdo de la infancia favorito

RONDA RÁPIDA

- ☐ Me he enamorado
- ☐ He suspendido el carnet de conducir
- ☐ He saltado de un avión
- ☐ Me he roto algún hueso
- ☐ He ganado un premio
- ☐ He aprendido otro idioma
- ☐ He ido a un balneario
- ☐ He besado a alguien y me he arrepentido
- ☐ Me he fumado un cigarrillo
- ☐ He ido en ambulancia
- ☐ He rechazado a alguien
- ☐ He montado en helicóptero
- ☐ He conocido a alguien famoso
- ☐ He escrito mi testamento
- ☐ He mirado el historial de búsqueda de mi pareja
- ☐ Me he aprendido la letra del himno nacional
- ☐ He sido padrino o madrina
- ☐ He enterrado a alguien

- ☐ Me he casado
- ☐ Me he dado una ducha con alguien
- ☐ He donado sangre
- ☐ He memorizado un poema
- ☐ He roto algo caro
- ☐ He considerado hacerme una cirugía estética
- ☐ He hecho *puenting*
- ☐ He decidido hacerme una cirugía estética
- ☐ He bailado con mi madre o padre
- ☐ He saltado desde un trampolín
- ☐ Me he tirado de cabeza desde un trampolín
- ☐ He hecho dieta
- ☐ He tenido un/a amigo/a invisible
- ☐ He sido dama de honor o padrino
- ☐ He salido con alguien dos veces
- ☐ He ganado una competición
- ☐ He borrado mi historial de búsqueda
- ☐ He dado un discurso ante un público
- ☐ He sido infiel

RONDA RÁPIDA

- ☐ He salido de fiesta toda la noche
- ☐ He tenido una cita a ciegas
- ☐ Me han dado un masaje
- ☐ He cantado en el karaoke
- ☐ He visto salir el sol
- ☐ He visto ponerse el sol
- ☐ He perdido en un casino
- ☐ He fingido
- ☐ He cultivado mi propia comida
- ☐ Le he cambiado la rueda a un coche
- ☐ He besado a una persona desconocida
- ☐ He salido en la televisión
- ☐ Le he dado dinero a una persona indigente
- ☐ Me he divorciado
- ☐ He escrito una carta de amor a mano
- ☐ He subido una montaña
- ☐ Me he enamorado de alguien del mismo sexo
- ☐ He hecho dieta dos veces
- ☐ He enviado un mensaje en una botella
- ☐ He contado por lo menos un buen chiste
- ☐ He trabajado por el salario mínimo

- ☐ He ganado una apuesta
- ☐ He escrito poesía
- ☐ He actuado sobre un escenario
- ☐ He disparado un arma
- ☐ He ido a un reencuentro escolar
- ☐ He hecho de pinchadiscos
- ☐ Me he montado en un toro mecánico
- ☐ He aprendido primeros auxilios
- ☐ Le he salvado la vida a alguien
- ☐ Le he roto el corazón a alguien
- ☐ He participado en un voluntariado
- ☐ He mentido a la policía
- ☐ He aprendido un truco de cartas
- ☐ He terminado una carrera universitaria
- ☐ He tenido un amigo por correspondencia
- ☐ Me he pasado 24 horas sin dormir
- ☐ He apadrinado a un/a niño/a
- ☐ He hecho un *spagat*
- ☐ He mentido al médico
- ☐ He vuelto a casarme
- ☐ He decidido ser donante de órganos
- ☐ He pedido que me echen las cartas

COSAS QUE HE APRENDIDO
POR EL CAMINO...

CONFIESO QUE...

No hay nada que aligere más el alma que una buena confesión.
Utiliza esta página a modo de confesionario particular.

*En algún momento de mi infancia, mis amigos y yo salimos a jugar juntos por última vez sin que ninguno de nosotros lo supiera.**

Si pudiera volver atrás, estas son las personas que estarían conmigo

Y aquí es donde estaríamos

---

* Confesión de una persona anónima en internet.

PRIMERAS Y ÚLTIMAS VECES

Las primeras veces son cruciales. Son tan significativas como memorables. Están llenas de nuevas posibilidades y de emoción por lo que vendrá después. Pero también es importante pensar en las últimas, repletas de consecuencias y repercusiones. Desenlaces que, en ese momento, ni siquiera viste venir...

La primera palabra con la que me describiría: ....

La última vez que fui feliz: ....

Lo primero que haría si dirigiera el país: ....

Lo último en lo que pienso antes de irme a dormir: ....

Mi primer amor: ....

La última vez que lloré: ....

La primera persona con la que contaría: ....

La última persona en la que confiaría: ....

La primera vez que me rompieron el corazón: ....

La última vez que dije «te quiero»: ....

La primera cualidad que busco en una persona: ....

La última vez que tuve el control: ....

La primera vez que defendí mi postura: ....

La última vez que fingí: ....

La primera persona a la que llamaría en caso de crisis: ....

La última vez que me felicité: ....

Mi primera relación seria: ....

La última vez que me marqué una meta: ....

La primera vez que perdí a un ser querido: ....

La última vez que fracasé en algo: ....

La primera vez que pensé que lo había logrado: ....

La última vez que triunfé: ....

La primera canción que me conmovió: ....

La última vez que di las gracias: ....

La primera persona de la que me enamoré: ....

La última vez que me enfadé: ....

Lo primero que salvaría si se quemara mi casa: ....

La última vez que di el cien por cien: ....

La primera vez que sentí que no tenía tiempo: ....

La última vez que tuve miedo: ....

La primera vez que me sentí como una persona adulta: ....

La última vez que hice algo por primera vez: ....

Y por último, pero no menos importante...
¿Cuándo mentí por última vez? ....

Tres cosas por las que me perdono

Tres motivos para tener esperanzas en el futuro

Tres cosas que mi *alter ego* haría de forma diferente

EL PRESENTE

. . .

YOLO (*You Only Live Once*, SOLO SE VIVE UNA VEZ)

E s el momento exacto en el que ocurre la historia. Lo contiene todo. Nada queda fuera. El mundo quiere que vivas en el momento, principalmente porque es más sencillo venderle algo a una persona que tiene el cerebro de un pez con trastorno de la atención. Pero ¿dónde te encuentras realmente ahora? Para poder responder a esta pregunta, tienes que apartarte del presente y reflexionar.

Debes detener el tiempo, bajarte del ahora y observarlo desde fuera. La única manera de analizar el momento es salir de él. Así que vuélcate en tus palabras. Congela tu subjetividad cambiante para inmortalizarla, como si estuvieras aplastando una mariposa dentro de un álbum de recortes.

Intenta ver más allá del caos del presente hasta encontrar el tesoro que es la verdad que realmente importa.

¿Dónde estás ahora mismo?

¿Quién eres ahora mismo?

La mayor inspiración de mi vida

Mi posesión más cara

Hoy he aprendido

Cosas que debería superar

Si me dieran 10.000 €, me los gastaría en

Una canción que me pone la carne de gallina

3 cosas que ahora mismo me ponen de los nervios

1. ....

2. ....

3. ....

Si un genio me concediera 3 deseos, pediría

1. ....

2. ....

3. ....

Las 5 primeras canciones que suenan cuando pongo mi reproductor de música en modo aleatorio

1. ....

2. ....

3. ....

4. ....

5. ....

Una cosa que me gustaría cambiar de mí

Si hoy pudiera hablar con un personaje histórico, sería con

El lema de mi vida

Una relación que me gustaría arreglar

Cosas que me hacen feliz

Mi autobiografía se titularía

Las pequeñas cosas de la vida que más me gustan

Si pudiera darle una sola cosa a una persona sería

Cosas que me hacen reír

Algo que envidio en secreto

Si ahora mismo pudiera estar en cualquier lugar del mundo

Si pudiera ser invisible

Mi mayor miedo

ASÍ SOY YO

¿Deberíamos vivir en el ahora o hacer planes de futuro? Cada persona parece tener su propia opinión.

Escucha: no escuches. Vive en el momento. Sé quién eres.

Todo el mundo dice que estos son los mejores días de tu vida. ¡Qué presión! Pero se equivocan. Vive en el momento. En realidad, los demás no se lo están pasando mejor que tú. Solo están fingiendo.

El gran proyecto en el que estoy trabajando

Mi personalidad en 6 palabras

1. ....

2. ....

3. ....

4. ....

5. ....

6. ....

Si no supiera cuantos años tengo, diría que aparento

Si pudiera tener la misma edad para siempre, tendría

Si fuera ahora mismo a la nevera, me gustaría que hubiera

5 cosas que necesito en mi vida

1. ....

2. ....

3. ....

4. ....

5. ....

5 cosas que quiero en mi vida

1. ....

2. ....

3. ....

4. ....

5. ....

SEAMOS HONESTOS

Vamos a imaginar que hay algo debajo de tu máscara. ¿Será cierto?

¿Quién eres?

Soy: ....

No soy: ....

Adoro: ....

Detesto: ....

He: ....

Nunca he: ....

Me gusta: ....

No me gusta: ....

Me encanta: ....

Odio: ....

Necesito: ....

Quiero: ....

Puedo: ....

No puedo: ....

Siempre estoy/soy: ....

Nunca estoy/soy: ....

Tengo miedo de: ....

No tengo miedo a: ....

Se me da muy bien: ....

No se me da bien: ....

Quiero más: ....

Quiero menos: ....

Nunca podré respetar

Si pudiera cambiar mi nombre, me llamaría

Si tuviera que meterme dentro de una serie de televisión, sería

Si pudiera encerrar a una persona en una habitación y atormentarla durante todo un día, sería a

No me importa gastarme mucho dinero en

Si tuviera una máquina para lavarle el cerebro a alguien, la usaría con

La primera canción que se me viene a la cabeza ahora mismo

Si me tocara la lotería, me bastaría con esta cantidad

Si pudiera llamar ahora mismo a cualquier persona, viva o muerta, llamaría a

SOY

Rodea una de las dos características de cada línea, la que creas que mejor describe tu personalidad.

Nervioso/a   o   Tranquilo/a

Cabezota   o   Flexible

Atrevido/a   o   Precavido/a

Malhumorado/a   o   Alegre

Veo el continente   o   Veo el contenido

Competitivo/a   o   Cooperativo/a

Pesimista   o   Optimista

Paciente   o   Impulsivo/a

Desconfiado/a   o   Confiado/a

LA ÚLTIMA PALABRA

Los momentos fugaces nos pasan de largo volando, silbando en el viento. ¿Eres capaz de atraparlos en el aire, como si fueras el señor Miyagi cazando moscas con palillos en *Karate Kid* (la película original, no la nueva versión)?

La última película: ....

El último libro: ....

El último concierto: ....

La última vez que lloré: ....

La última canción que escuché: ....

La última vez que tuve miedo: ....

La última vez que bailé: ....

La última vez que me enfadé: ....

La última vez que me reí: ....

La última vez que me emborraché: ....

Tengo que perdonar

Si pudiera deshacer un desastre, sería

Una habilidad que me gustaría tener

Si me exiliaran a otro país durante el resto de mi vida, me gustaría que fuera a

Mi plan infalible para sanar un corazón roto

Si tuviera que sacrificar a uno de mis familiares para salvar el mundo, elegiría a

Los 3 mejores platos que he cocinado en mi vida

1. ....

2. ....

3. ....

Si mi casa estuviera en llamas, me llevaría estas tres cosas

1. ....

2. ....

3. ....

UNA SOLA PALABRA

Piensa rápido. O, mejor aún, deja la mente en blanco. Aparta tus filtros y ve al grano. No te detengas, no reflexiones y no critiques. Si pudieras expresar todo lo que quieres decir en una sola palabra...

Mi trabajo: ....

Mi pareja: ....

Mi cuerpo: ....

Mi vida amorosa: ....

Mi santuario: ....

Mi miedo: ....

Mi infancia: ....

Mi adicción: ....

Mi pasión: ....

Mi kriptonita: ....

Me arrepiento de: ....

UNA SOLA PALABRA

Me pone: ....

Me corta el rollo: ....

Mi héroe: ....

Mi futuro: ....

Mi fantasía: ....

Mi talón de Aquiles: ....

Mi remordimiento: ....

Mi mayor virtud: ....

Mi vicio: ....

El resultado es mayor que la suma de las partes

.... + ... + ... = Familia

.... + ... + ... = Amor

.... + ... + ... = Vida

Examinando la vida de mis amigos/as, creo que quien ha acertado es

Si pudiera instalar 3 idiomas enteros en mi cerebro (sin ningún tipo de esfuerzo), elegiría

Si pudiera resucitar a alguien ahora mismo, sería a

Ahora mismo, desperdicio la mayor parte de mis energías en

Gente a la que me gustaría darle un puñetazo en la cara

Si pudiera viajar al pasado y presenciar cualquier evento histórico, elegiría

Cosas que para mí son tabú y de las que me cuesta hablar incluso con las personas más cercanas

Personas a las que quiero perdonar

Cosas que me parecen ridículas

PERSONAS QUE ME IMPORTAN MUCHO

Si pudiera hacer desaparecer algo para siempre, sería

Mis padres en 5 palabras

1. ....

2. ....

3. ....

4. ....

5. ....

El mayor vacío en mi vida lo dejó

Si me dieran 10.000 € con la condición de que no puedo gastármelos en mí, los usaría para

Ahora mismo, en este momento, lo que más deseo es

Si tuviera que describir mi relación con mi madre en una sola palabra, sería

Si tuviera que describir mi relación con mi padre en una sola palabra, sería

El consejo que más me ha marcado

Si pudiera dirigir la película de mi vida, se titularía

Y este sería el reparto

.... me interpretaría a mí

.... interpretaría a ....

.... interpretaría a ....

.... interpretaría a ....

.... interpretaría a ....

.... interpretaría a ....

.... interpretaría a ....

.... interpretaría a ....

.... interpretaría a ....

La canción de los créditos iniciales de la película de mi vida

La canción principal de la película de mi vida

La canción de los créditos finales de la película de mi vida

La religión en 3 palabras

1. ....

2. ....

3. ....

Una sola palabra para describir mi vida amorosa actual

Si tuviera que cantar una canción en un bar lleno de gente que no conozco, elegiría

Si organizara una cena y pudiera invitar a 3 personas (vivas o muertas) como comensales, serían

Nombres y apellidos de mis hijos y/o hijas (sean biológicos o no)

ALGO QUE SIGNIFIQUE ALGO PARA MÍ

MIS CUALIDADES

Di la verdad: siempre juzgas a las personas que conoces. Como todo el mundo.

¿Y si te juzgas a ti para variar?

Honestidad	1	2	3	4	5	6	7	8	9	10
Generosidad	1	2	3	4	5	6	7	8	9	10
Perdón	1	2	3	4	5	6	7	8	9	10
Felicidad	1	2	3	4	5	6	7	8	9	10
Lealtad	1	2	3	4	5	6	7	8	9	10
Singularidad	1	2	3	4	5	6	7	8	9	10
Humor	1	2	3	4	5	6	7	8	9	10
Inteligencia	1	2	3	4	5	6	7	8	9	10
Servicial	1	2	3	4	5	6	7	8	9	10
Talento	1	2	3	4	5	6	7	8	9	10
Seguridad	1	2	3	4	5	6	7	8	9	10
Humildad	1	2	3	4	5	6	7	8	9	10
Cariño	1	2	3	4	5	6	7	8	9	10
Tolerancia	1	2	3	4	5	6	7	8	9	10
Espontaneidad	1	2	3	4	5	6	7	8	9	10
Salud	1	2	3	4	5	6	7	8	9	10
Creatividad	1	2	3	4	5	6	7	8	9	10
Modernidad	1	2	3	4	5	6	7	8	9	10

Estoy hasta las narices de escuchar

Lo que haría si nadie me estuviera mirando

El objeto más valioso que tengo es

Mi placer más inconfesable

Si pudiera hacer desaparecer algo, sería

Mi habilidad secreta

El título de la canción que mejor describe mi vida

Lo que haría si me quedaran dos semanas de vida

Una cosa que hago y que me gustaría dejar de hacer

Si pudiera cambiar uno de los acontecimientos que están teniendo lugar en el mundo, elegiría

Me preocupa

Mi secreto más oscuro

ASOCIACIÓN DE PALABRAS

Si yo digo «vida», tú ¿qué respondes? No te lo pienses, simplemente escribe la primera palabra que se te pase por la cabeza. Deja que tu subconsciente hable. Puede que te sorprenda lo que descubrirás sobre ti con el poder mágico de la aleatoriedad.

Vida: ....   Pasado: ....

Trabajo: ....   Sexo: ....

Confianza: ....   Exceso: ....

Fama: ....   Odio: ....

Perdón: ....   Inocencia: ....

Debilidad: ....   Víctima: ....

Muerte: ....   Violencia: ....

Disciplina: ....   Arrepentimiento: ....

Mentiras: ....   Madre: ....

Tristeza: ....   Religión: ....

Dominación: .... Miedo: ....

Amor: .... Hogar: ....

Familia: .... Drogas: ....

Sacrificio: .... Futuro: ....

Edad: .... Fracaso: ....

Honestidad: .... Destino: ....

Guerra: .... Humor: ....

Éxito: .... Envidia: ....

Lujuria: .... Honestidad: ....

5 cosas que me encanta odiar

1. ....

2. ....

3. ....

4. ....

5. ....

Lo más amable que hecho nunca y que nadie sabe

Al final, ¿qué persona está siempre ahí cuando la necesito?

En una escala del 1 al 10, ¿qué nivel de satisfacción siento respecto a mi vida?

1   2   3   4   5   6   7   8   9   10

¿Qué tendría que ocurrir para llegar al 10?

MI VIDA EN DATOS

Lugar de nacimiento: ....

Hermanos y hermanas: ....

Lugar de residencia actual: ....

Clase social: ....

Profesión: ....

Signo del Zodiaco: ....

Partido político: ....

Alergia: ....

Mascota: ....

Organización benéfica: ....

Periódico: ....

Revista: ....

Bebida: ....

Desayuno: ....

Aperitivo: ....

Plato principal: ....

Postre: ....

Restaurante: ....

Bar: ....

Discoteca: ....

Hotel: ....

Prenda de ropa: ....

Zapatos: ....

Coche: ....

Teléfono: ....

Cámara: ....

Trabajo ideal: ....

Subscripción: ....

Ordenador: ....

Marca: ....

Tienda: ....

Comida reconfortante: ....

Hobby: ....

Pasatiempo: ....

Equipo: ....

Juego: ....

Página web: ....

Programa de televisión: ....

LA FAMILIA ES

¿Hasta qué punto tengo mi vida bajo control ahora mismo?

1   2   3   4   5   6   7   8   9   10

¿Qué tendría que ocurrir para llegar al 10?

Mi trabajo ideal

Mi comida favorita

Mi posesión más preciada

Mi noche de sábado perfecta

Algo que he deseado en repetidas ocasiones

Mi talento secreto

Cosas que se me dan realmente mal

La única película que podría ver una y otra vez

FAVORITOS DE SIEMPRE

Canción: ....

Disco: ....

Concierto: ....

Lugar: ....

Película: ....

Libro: ....

Grupo: ....

Artista: ....

Festividad: ....

Ciudad: ....

Profesor/a: ....

Palabra: ....

Programa de televisión: ....

INVALUABLE

Cosas que el dinero no puede comprar.

EXPLORA TU LADO SALVAJE

A veces, lo correcto es hacer lo incorrecto. Las personas pruden-
tes son, básicamente, idiotas. No sabemos exactamente por qué
es así, pero es cierto. El mundo está mal, así que, ¿cómo va a estar
mal portarse mal?

Cosas que he hecho

☐ He nadado en pelotas

☐ He ido en un coche de policía

☐ Me he drogado

☐ Me he emborrachado

☐ Me he metido en una pelea

☐ He visto morir a alguien o a algo

☐ He salido toda la noche de fiesta

☐ Me he fumado un cigarrillo

☐ Me han despedido del trabajo

☐ Me han tenido que dar puntos

☐ Me he hecho un tatuaje

☐ He fingido

☐ Me he colado en una fiesta

☐ He hecho trampas en un examen

☐ He bailado a la luz de la luna

☐ Me he saltado una clase

☐ He robado algo

☐ He ido a un festival de música

☐ He practicado sexo con alguien en un avión

☐ He besado a alguien del mismo sexo

- ☐ Me he hecho un *piercing*
- ☐ Me he teñido el pelo
- ☐ He besado a una persona desconocida
- ☐ He tenido un/a amigo/a con derecho a roce
- ☐ Me han roto el corazón
- ☐ He ido sin ropa interior
- ☐ Me he comido algo vivo
- ☐ He practicado sexo al aire libre
- ☐ Me he hecho una cirugía estética
- ☐ Me han echado de una discoteca
- ☐ Me he manifestado en contra de algo
- ☐ He sido infiel
- ☐ He disparado un arma
- ☐ Me he vengado
- ☐ Me he fumado un puro
- ☐ He superado el límite de velocidad
- ☐ He bebido champán directamente de la botella
- ☐ He jugado a las cartas apostando
- ☐ Me he enamorado de quien no debía
- ☐ He comprado porno
- ☐ Me he vestido como alguien del sexo opuesto
- ☐ He ido a un local de *striptease*
- ☐ He robado en una tienda
- ☐ He gastado una broma telefónica
- ☐ Me he saltado el trabajo
- ☐ He matado a un animal

Las 3 personas más cercanas a mí
(descritas en 3 palabras)

1. ....

2. ....

3. ....

1. ....

2. ....

3. ....

1. ....

2. ....

3. ....

Las 5 personas a las que me gustaría dar las gracias (solo por ser ellas mismas)

1. ....

2. ....

3. ....

4. ....

5. ....

MIS MANTRAS PARA VIVIR... Y MIS NORMAS DE VIDA

CARTA A MI YO DEL PASADO

EL FUTURO

. . .

Predecir tu futuro requiere de cierto autoengaño. Lo difícil es que a veces conseguimos que algo salga tal y como lo habíamos planeado, pero otras, no. E incluso cuando tenemos claras nuestras intenciones, las consecuencias siempre son imprevistas. Por suerte, no solemos tener claras nuestras intenciones.

¿Hacia dónde vas? ¿Hacia dónde vas? ¿Hacia dónde vas? No, en serio, ¿hacia dónde vas? ¿Y qué me dices ahora? ¿Y ahora? Pero que quede bien claro: la pregunta no es hacia dónde quieres ir o dónde fantaseas con terminar. Presta atención a lo que realmente estás haciendo. Fíjate en los patrones que tiene el ritmo de tu vida diaria y extrapólalos en consecuencia. Recuerda tomarte esta sección muy en serio, porque así será mucho más divertido cuando releas las respuestas dentro de diez años.

Y ahora que ya hemos puesto rumbo a hacer predicciones insensatas, empecemos...

Mi futuro en 3 palabras

1. ....

2. ....

3. ....

3 cosas que tengo que superar

1. ....

2. ....

3. ....

SUEÑO CON

Lo que más me emociona

Lo que más me preocupa

Mi hogar ideal

A qué me arriesgaría si supiera que no iba a fracasar

Algo por lo que daría mi vida

Tengo que hacer sitio para

¿ESTO O LO OTRO?

Este cuestionario le da mil vueltas al de Myers-Briggs. Recuerda: en este mundo tan superficial lo que importa no es cómo eres... sino lo que te gusta.

El viaje	o	El destino
Los Rolling Stones	o	Los Beatles
Mac	o	PC
Kalimotxo	o	Cubata
Riqueza	o	Fama
BMW	o	Mercedes
Dulce	o	Salado
Dieta carnívora	o	Dieta vegetariana
Dios	o	El Big Bang
Pepsi	o	Coca-Cola
Londres	o	Nueva York
Nike	o	Adidas
Té	o	Café
Homosexual	o	Heterosexual
Cine	o	Música
Verano	o	Invierno
De izquierdas	o	De derechas
Verdad	o	Atrevimiento
Espiritualidad	o	Religión
El cambio climático es real	o	Una farsa
Ciudad	o	Campo
Pena de muerte	o	Cadena perpetua
Hitchcock	o	Spielberg
Ver el futuro	o	Cambiar el pasado
Las Vegas	o	París

Arte	o	Ciencia
Fama	o	Dinero
Inteligencia	o	Belleza
Salir	o	Quedarse en casa
iPhone	o	Android
Más tiempo	o	Más dinero
Subway	o	McDonald's
Ver la película	o	Leer el libro
Lennon	o	McCartney
Libertad	o	Seguridad
Playa	o	Montaña
Creatividad	o	Conocimiento
Tatuajes	o	*Piercings*
The Wire	o	*Los Soprano*
Dinero	o	Belleza
Impar	o	Par
Entrantes	o	Postres
Aventura	o	Relajación
Llamada	o	Mensaje
Celebridad	o	Artista
Incineración	o	Entierro
Lo importante es ganar	o	Participar
Cómo funciona	o	Qué aspecto tiene
Forma	o	Funcionalidad
Pensamientos	o	Emociones
Despacio	o	Rápido
Optimista	o	Pesimista
Realista	o	Idealista
Cerebro	o	Corazón

... o ninguna

Algo que creo que todo el mundo debería experimentar una vez en la vida

El mayor enemigo del futuro de la humanidad

Mi reencuentro ideal

Si pudiera irme de viaje ahora mismo, sería a

El éxito que estoy luchando por alcanzar

Mi próximo reto

3 cosas que he estado postergando y que debería hacer

Cosas que mis padres hicieron conmigo pero que a mí me gustaría hacer de otra forma con mis hijos/as

El mayor desafío al que se enfrenta el mundo hoy en día

EL FUTURO ES

¡Juguemos a hacer predicciones! ¿Qué esperas del futuro?

10 lugares a los que ir antes de morir

1. ....

2. ....

3. ....

4. ....

5. ....

6. ....

7. ....

8. ....

9. ....

10. ....

10 libros que quiero leer

1. ....

2. ....

3. ....

4. ....

5. ....

6. ....

7. ....

8. ....

9. ....

10. ....

LA LETRA DE MI CANCIÓN O POEMA FAVORITO

Dentro de 10 años, mi dinero vendrá de

Cuando me jubile, me gustaría irme a

Mi viaje por carretera perfecto

Lo que me asusta de hacerme mayor

Si pudiera pasar las últimas horas de mi vida con cualquier persona y haciendo cualquier cosa, sería

Si mis restos pudieran descansar en cualquier sitio, me gustaría que fuera en

La canción que me gustaría que sonara en mi funeral

MI LEGADO ES

PLAYLIST

Estas canciones son la banda sonora de mi vida:

1. ....

2. ....

3. ....

4. ....

5. ....

6. ....

7. ....

8. ....

9. ....

10. ....

JÚRATELO

Rodea tus promesas con un círculo. ¡Añade las que quieras!

Decir que no

Perdonarme por mis errores

No arrepentirme de nada

Priorizar

Dormir más

Mimarme

Hacer un cambio radical

Dar más

Enamorarme

Asumir mis responsabilidades

Aceptar críticas

Crear arte

Ser yo

Trabajar menos duro pero de forma más eficiente

Preocuparme menos

Ayudar a los demás

Amar más

Aceptar los cambios

Escuchar más

No odiar

Correr riesgos

Decir la verdad

Ser firme

Ser más humilde

Relajarme más

Disculparme

Ser más alegre

Comer comida buena

Sonreír más

Viajar más

Soñar a lo grande

Sentirme bien a pesar de todo

Dar reconocimiento y asumir la culpa cuando toque

Ser agradecido/a

EL FUTURO EMPIEZA AQUÍ

Dentro de una semana, voy a

Dentro de un mes, voy a

Dentro de un año, voy a

Dentro de diez años, voy a

LAS NORMAS DE MI VIDA

1ª

2ª

3ª

4ª

5ª

COSAS QUE HACER ANTES DE MORIR

Nada dura para siempre, y mucho menos tú. Deja que el pensar sobre tu propia mortalidad te ponga en marcha y resucite tus ganas de vivir. La Muerte vendrá a buscarte en su montura esquelética, pero no te adentrarás en la noche eterna sin rechistar. Crea buenos recuerdos para rememorarlos cuando llegue el momento definitivo.

Tacha lo que hayas hecho de esta lista y luego crea la tuya.

Correr una media maratón

Hacer un triatlón

Esquiar o hacer *snowboard*

Ir en canoa

Montar a caballo

Aprender un nuevo idioma

Tocar un instrumento

Cantar en un coro

Bailar salsa

Montar en globo aerostático

Saltar de un avión

Bucear

Hacer *rafting*

Jugar al ajedrez

Hacer cerámica

Pintar un cuadro

Escribir un relato corto

Resolver un cubo de Rubik

Hacer voluntariado o recaudar fondos

Crear mi propio negocio

Montar en moto

Escribir un libro

Donar sangre

Hacer *puenting*

Ir de acampada

Subir una montaña

Plantar un árbol

Volar en helicóptero

Disparar una pistola

Ir de mochilero/a

Donar a la beneficencia

Hacer escalada

Aprender a hacer malabares

Escribir mi testamento

Ordeñar una vaca

Participar en un *flash mob*

Aprender artes marciales

Aprender primeros auxilios

Aprender a pilotar

Hacerme un tatuaje

Escribir un blog

Apuntarme al gimnasio

Hacer una tarta

Descubrir qué es lo mío

Aprender a meditar

Hacer un viaje por carretera

Probar el yoga

Aprender a tejer

Ser feliz

10 cosas que hacer antes de morir

1. ....

2. ....

3. ....

4. ....

5. ....

6. ....

7. ....

8. ....

9. ....

10. ....

QUIERO MENOS

QUIERO MÁS

LA VIDA ES

La libertad es ser capaz de crear tus propias definiciones.

La vida es: ....

El arrepentimiento es: ....

El éxito es: ....

Los/las niños/as son: ....

La muerte es: ....

La felicidad es: ....

El amor es: ....

La fe es: ....

El trabajo es: ....

El dinero es: ....

La paz es: ....

La religión es: ....

La política es: ....

PARA LA SIGUIENTE GENERACIÓN

Imagina que te quedan 9 minutos de vida y tienes a mano papel y bolígrafo. Deja un mensaje para tus hijos/as o para alguien cercano a ti, transmíteles lo más importante que has aprendido. Escribe algo para que les acompañe toda la vida. ¿Qué puedes enseñarles? ¡Venga!

EL AMOR ES

MI INSPIRACIÓN

MI PAREJA

Tómate un momento para reflexionar sobre tu media naranja, ya sea actual, futura o pasada. Es una oportunidad para ver todo lo bueno, lo feo y lo malo del motivo por el que es el amor de tu vida.

El futuro es: ....

Nuestro momento especial: ....

Nuestra canción: ....

Nuestra ciudad: ....

5 cosas que me gustan de ti

1. ....

2. ....

3. ....

4. ....

5. ....

Lo que me pone: ....

Lo que me corta el rollo: ....

Una cosa que cambiaría de ti: ....

Una confesión: ....

5 cosas que haces y que me ponen de los nervios

1. ....

2. ....

3. ....

4. ....

5. ....

Mi noche de cita perfecta

Donde empezó todo

Lo què me gusta de ti

Te querré más si

MI PAREJA ES

Dibuja un círculo alrededor de una de las dos características de cada línea, la que creas que mejor describe la personalidad de tu pareja.

Nervioso/a	o	Tranquilo/a
Cabezota	o	Flexible
Atrevido/a	o	Precavido/a
Malhumorado/a	o	Alegre
Ve el continente	o	Ve el contenido
Competitivo/a	o	Cooperativo/a
Pesimista	o	Optimista
Paciente	o	Impulsivo/a
Desconfiado/a	o	Confiado/a

EL AMOR ES LA RESPUESTA

Me encantaría aprender: ....

Me encantaría ir a: ....

Me encantaría probar: ....

Me encantaría hacer: ....

Me encantaría superar: ....

Me encantaría estudiar: ....

Me encantaría hablar con: ....

Me encantaría ver: ....

Me encantaría aprender: ....

Me encantaría cambiar: ....

Me encantaría ayudar: ....

Me encantaría dejar de: ....

Me encantaría ser: ....

HOLA, SOY TU FUTURO...

Dentro de 10 años...

Estaré conduciendo un: ....

Estaré centrado/a en: ....

Estaré celebrando: ....

Estaré viviendo en: ....

Estaré trabajando como: ....

Estaré interesado/a en: ....

Necesitaré: ....

Estaré aprendiendo: ....

Seré un/a excelente: ....

Me tomaré en serio: ....

Me divertiré con: ....

Estaré camino de: ....

Seguiré en contacto con: ....

Estaré intentando encontrar: ....

Me alegraré de haber dejado de: ....

Me estaré convirtiendo en un experto/a en: ....

Estaré intentando cambiar: ....

Me reiré de: ....

Estaré agradecido/a de: ....

Echaré de menos: ....

Iré de viaje a: ....

UN MENSAJE QUE NUNCA MANDARÉ

UN RECUERDO QUE NUNCA COMPARTIRÉ

UNA CARTA QUE ME ENCANTARÍA ENVIAR

UNA CARTA QUE ME ENCANTARÍA RECIBIR

¿POR QUÉ?

¿POR QUÉ NO?

CARTA A MI YO DEL FUTURO

MIS PLANES PARA EL FUTURO

LA CÁPSULA DEL TIEMPO

Repite conmigo...

No voy a... seguir órdenes sin pensar.

Ahora olvídalo por un momento y haz lo que te digo. Porque yo soy tú. Soy la voz que tienes dentro de tu cabeza.

Elige un número del 1 al 10. Pela una naranja y lánzala por encima de tu hombro. Tira unos dados. Toma una decisión real.

Dentro de unos años volverás a abrir este libro y volverás a hacer todos los ejercicios.

Entonces podrás conocerte como si lo hicieras por primera vez, sí, como en ese extraño sueño recurrente que tienes, solo que serás mucho más interesante.

Felicidades, cazador/a de la verdad. Has llegado al final de tu misión espiritual. Ahora te conoces un poco mejor, para bien o para mal. Y quizás te habrás dado cuenta de que tu identidad es solo una construcción, algo que haces y rehaces cada día.

O quizás no.

O quizás sí.

¿QUEMAR DESPUÉS DE ESCRIBIR?

SHARON JONES

Es una diseñadora gráfica del norte de Inglaterra. *Quemar después de escribir* es su primer libro. La secuela, llamada *This is What My Soul Looks Like,* ya ha sido publicada en inglés.

Este libro
se publicó en España
en el mes de octubre de 2023